Essig und Öl

Essig und Öl

Geschmack für jeden Tag

Parragon
Bath · New York · Singapore · Hong Kong · Cologne · Delhi · Melbourne

Love Food ® is an imprint of Parragon Books Ltd

Text: Ann Kleinberg
Entwurf und Realisation: Buenavista Studio s.l.
Fotografien: Günter Beer
Fachberatung: Stevan Paul
Layout: Cammaert & Eberhardt

Parragon Books Ltd
Queen Street House
4 Queen Street
Bath BA1 1HE, UK

Produktion der deutschen Ausgabe: trans texas publishing, Köln
Übersetzung: Ronit Jariv, Köln
Satz und Lektorat: Aicha Becker, Köln
Projektmanagement: Nazire Ergün, Köln

ISBN 978-1-4075-4144-0

Printed in China

Hinweis

Sofern die Schale von Zitrusfrüchten benötigt wird, verwenden Sie unbedingt unbehandelte Früchte.
Sind Zutaten in Löffeln angegeben, ist immer ein gestrichener Löffel gemeint: Ein Teelöffel entspricht 5 ml, ein Esslöffel 15 ml.
Sofern nicht anders angegeben, wird Vollmilch (3,5 % Fett) verwendet.
Es sollte stets frisch gemahlener schwarzer Pfeffer verwendet werden.
Bei Eiern und einzelnen Gemüsesorten, z. B. Kartoffeln, verwenden Sie mittelgroße Exemplare.
Kinder, ältere Menschen, Schwangere, Kranke und Rekonvaleszenten sollten auf Gerichte mit rohen oder nur leicht gegarten Eiern verzichten.
Die angegebenen Zeiten können von den tatsächlichen leicht abweichen, da je nach verwendeter Zubereitungsmethode und vorhandenem Herdtyp Schwankungen auftreten.

Inhalt

Einleitung

Öl und Essig sind Teil der Kulturgeschichte, sie kommen schon seit Tausenden von Jahren auf den Tisch. Schriften der alten Griechen und Ägypter, biblische Texte sowie archäologische Funde beweisen, dass bereits antike Kulturen sich an Geschmack und Vielseitigkeit dieser köstlichen Nahrungsmittel erfreuten. Wie schön, dass diese alte kulinarische Tradition bis heute ungebrochen ist.

Öl ist nicht nur eine wichtige Zutat beim Kochen, sondern dient auch als Konservierungsmittel (man denke nur an getrocknete Tomaten und Sardinen) und bildet die Basis der meisten Salatdressings. Man könnte Öl als die Seele des Salats bezeichnen, auf der alle anderen Zutaten aufbauen. Was gibt es Schöneres als einen frischen grünen Salat, mit edlem Olivenöl und frischem Zitronensaft beträufelt?

Essig entstand durch einen glücklichen Zufall: Ein Fass Traubensaft, der zu Wein verarbeitet werden sollte, wurde wahrscheinlich versehentlich offen gelassen oder fermentierte zu lange (daher auch der französische Begriff „vinaigre" = saurer Wein). Das Resultat war der Grundstein für die inzwischen weit gespannte Essigindustrie.

Heutzutage sind Öl und Essig in aller Munde – wörtlich und im übertragenen Sinne. Man kann sie natürlich so konsumieren, wie sie angeboten werden, aber warum nicht ein wenig experimentieren? In Kombination mit Kräutern, Gewürzen, Nüssen oder Früchten bilden Öl und Essig völlig neue Aromen aus und verschaffen Ihnen ungeahnte Geschmackserlebnisse. Diese Aromen geben den damit angereicherten Gerichten den gewissen kleinen, aber feinen Extrakick.

Öl und Essig können mit nahezu unendlich vielen Gewürzen und Kräutern aromatisiert werden. Dieses Buch bietet einen Grundstock an wunderbaren Rezepten. Viel Spaß beim Ausprobieren und Experimentieren!

Öl

Die Geschichte des Speiseöls umspannt viele Jahrhunderte und Kulturen. Öl wird zum Kochen, als Konservierungsmittel, als Medizin und nicht zuletzt als Nahrungsmittel verwendet. Die Chinesen und Japaner entwickelten Methoden, um Öl aus Sojapflanzen zu gewinnen, mediterrane Völker benutzten Oliven, Mexikaner und Nordamerikaner bevorzugten Erdnüsse und Sonnenblumenkerne, und in Afrika dienten Palmen und Kokosnüsse als Basis zur Ölgewinnung. Andere Öllieferanten sind Baumwollsamen, Distelsamen, Kürbiskerne, Traubenkerne, Rapssamen, Mais und Nüsse.

Inzwischen hat, dank der Beliebtheit der mediterranen Küche, das gesundheitsfördernde Olivenöl seinen Siegeszug angetreten. Andere gesunde Ölsorten, wie Rapsöl, sind fast ohne Eigengeschmack und daher gut für aromatische Zusätze geeignet.

Folgende Punkte sollten Sie bei der Eigenproduktion von aromatisierten Ölen beachten: Unsachgemäßes Lagern von Öl kann Bakterienwachstum fördern. Werden Kräuter oder Gemüse mit hohem Wassergehalt (zum Beispiel Knoblauch) mit Öl vermischt und nicht kühl genug gelagert, entsteht ein sauerstofffreies Umfeld, das zu einer schweren Lebensmittelvergiftung führen kann. Eine sorgfältige Zubereitung und kühle Lagerung verhindern dies.

Hinweise für die Herstellung von aromatisiertem Öl:

- Investieren Sie in gute Gefäße und sterilisieren Sie diese (mit kochendem Wasser übergießen und 10 Minuten darin stehen lassen). Verwenden Sie keine billigen Einmachgläser, da die Metallringe rosten und die Gummiringe sich auflösen könnten.
- Rapsöl ist für die meisten Aromen geeignet, da es fast keinen Eigengeschmack hat. Olivenöl passt zu kräftigen Kräutern, die sich gegen seinen starken Eigengeschmack behaupten können.
- Hacken oder zerkleinern Sie Kräuter, bevor Sie diese ins Öl geben. So kann sich das Aroma entfalten.
- Erwärmtes Öl nimmt die Aromen leichter auf.
- Stellen Sie immer nur kleine Mengen her, und bewahren Sie das Öl im Kühlschrank auf.
- Lassen Sie das Öl vor Gebrauch auf Zimmertemperatur erwärmen.

Basilikumöl

Basilikumöl gehört zu den beliebtesten aromatisierten Ölsorten. Es gibt viele Gerichte, in denen Öl und Basilikum kombiniert werden. Warum also nicht gleich beide zu einem Öl zusammenmischen?

25 g frische Basilikumblätter

2 Knoblauchzehen, halbiert

250 ml natives Olivenöl extra

Die Basilikumblätter waschen und gut trocken tupfen. Eine Schüssel mit Eiswasser bereitstellen.

Wasser in einem Topf aufkochen, und das Basilikum darin 5 Sekunden blanchieren. Herausnehmen und sofort ins Eiswasser geben, um den Garungsprozess zu stoppen. Das Wasser abgießen und so viel Wasser wie möglich aus den Blättern herausdrücken. Zwischen Küchenpapier trocknen, dann grob hacken und in ein sauberes Gefäß geben. Den Knoblauch zufügen.

Das Öl langsam bei geringer Temperatur etwa 5 Minuten erhitzen, bis es duftet und warm ist. Es darf auf keinen Fall zu stark erhitzt werden und rauchen. Vom Herd nehmen und über die Basilikumblätter gießen. Abkühlen lassen, das Gefäß verschließen und im Kühlschrank aufbewahren. Innerhalb einer Woche abseihen, um das Basilikum zu entfernen.

Tipp: Olivenöl hat einen sehr dominanten Geschmack. Wenn Sie einen stärkeren Basilikumgeschmack erzielen möchten, verwenden Sie stattdessen Rapsöl.

Minzöl

Vorsicht, dieses Öl kann süchtig machen! Es ist ausgesprochen erfrischend und schmeckt einfach wunderbar minzig.

25 g frische Minzeblätter

250 ml Rapsöl

Die Minzeblätter waschen und trocken tupfen. Eine Schüssel mit Eiswasser bereitstellen.

Wasser in einem Topf aufkochen und die Minze darin 5 Sekunden blanchieren. Dabei darauf achten, dass alle Blätter mit Wasser bedeckt sind. Die Blätter mit einem Schaumlöffel herausnehmen und sofort ins Eiswasser geben. Das Wasser abgießen und die Blätter ausdrücken. Zwischen Küchenpapier trocknen, dann grob hacken und in einen Mixer geben. Etwas Öl zugießen und pürieren. Weiter kleine Mengen Öl zugießen und mixen, bis das ganze Öl verarbeitet ist. Mit einem Teigschaber die Minze vom Rand lösen und erneut mixen, bis alle Blätter fein püriert und mit dem Öl vermischt sind.

Das Öl durch ein Tuch seihen und in ein sauberes Gefäß gießen. Im Kühlschrank aufbewahren, vor Gebrauch aber auf Zimmertemperatur erwärmen lassen.

Basilikumöl

Tomaten-Mozzarella-Basilikum-Spieße

12 Kirschtomaten

12 frische Basilikumblätter (nach Belieben mehr)

12 kleine Mozzarella-Kugeln

Basilikumöl

frisch gemahlener schwarzer Pfeffer

Ergibt 12 Spieße

Diese originellen Spieße lassen sich im Handumdrehen zubereiten. Sie müssen nur die Zutaten zusammenstellen (und beliebig ergänzen oder austauschen), aufspießen und schon können Sie sie Ihren Gästen reichen.

Die Tomaten halbieren und die Basilikumblätter waschen und trocken tupfen.

Auf jeden Spieß eine Tomatenhälfte, ein Basilikumblatt und eine Mozzarella-Kugel stecken. Ans Ende jeweils noch eine Tomatenhälfte setzen.

Die Spieße auf einer Servierplatte anrichten, mit dem Basilikumöl beträufeln, etwas schwarzen Pfeffer darüberstreuen und servieren.

Basilikumöl

Bruschetta mit Tomaten, Zwiebeln und Basilikum

1 großes Baguette oder Ciabatta

2 EL **Basilikumöl**

10 Eiertomaten

2 rote Zwiebeln

10 g frische Basilikumblätter (grün oder lila)

Saft von 2 Zitronen

Salz und frisch gemahlener schwarzer Pfeffer

Für 6 Personen

Mit diesem Gericht speisen Sie mediterran. Servieren Sie dazu einen einfachen grünen Salat und einen gekühlten Weißwein.

Den Backofen auf 230 °C vorheizen.

Das Brot aufschneiden. Die Scheiben auf ein Backblech legen, mit etwas Basilikumöl bestreichen und im Ofen goldbraun rösten.

Die Tomaten etwa 5 Sekunden in kochendem Wasser blanchieren, sodass sich die Haut leicht abziehen lässt. Danach kurz in Eiswasser geben. Die Tomaten häuten, halbieren, entkernen und würfeln. Zwiebeln und Basilikumblätter hacken.

Tomaten, Zwiebeln, Basilikum, Zitronensaft und das restliche Basilikumöl in einer Schüssel vermischen. Mit Salz und Pfeffer abschmecken. Die Tomatenmischung auf die Brotscheiben löffeln und servieren.

Minzöl

Gurken-Joghurt-Suppe mit Granatapfel

900 g Naturjoghurt

3 Gurken, geschält und gewürfelt

4 Knoblauchzehen, gehackt

3 EL frisch gehackter Dill, plus etwas mehr zum Garnieren

3 EL fein gehackte Minzeblätter

Saft von ½ Zitrone

Salz

weißer Pfeffer

20 g Granatapfelkerne

Minzöl

Minzöl-Eiswürfel (nach Belieben)

Für 4 Personen
Diese erfrischende und köstliche Suppe ist ganz einfach in der Zubereitung. Sie wird kalt gegessen.

Joghurt, Gurken, Knoblauch, Dill, Minze und Zitronensaft in einer großen Schüssel vermengen. Mit Salz und Pfeffer abschmecken und mehrere Stunden in den Kühlschrank stellen.

Die Suppe auf Suppenteller verteilen, mit den Granatapfelkernen und etwas Dill garnieren und mit einem Spritzer Minzöl verzieren. Nach Belieben ein paar Minzöl-Eiswürfel hinzugeben.

Tipp: Bereiten Sie die Eiswürfel im Voraus zu. Dafür Minzöl in eine Eiswürfelform füllen und einfrieren.

Knoblauch-Chili-Oregano-Öl

Geben Sie etwas von diesem köstlich pikanten Öl auf einen Teller und servieren Sie es Ihren Gästen mit warmem Krustenbrot, Käse und Oliven.

5 Knoblauchzehen

1–2 rote Chillies

1 TL getrockneter Oregano

250 ml Rapsöl

Den Backofen auf 150 °C vorheizen.

Die Knoblauchzehen längs halbieren. Mit Handschuhen die Chillies entkernen und klein hacken, sodass sich eine Menge von 2 Esslöffeln ergibt.

Knoblauch, Chillies, Oregano und Öl in einem hitzebeständigen Gefäß vermischen.

Im Ofen auf mittlerer Schiene 1½–2 Stunden erhitzen. Messen Sie die Temperatur des Öls mit einem digitalen Küchenthermometer, sie sollte 120 °C betragen.

Das Öl aus dem Ofen nehmen, abkühlen lassen und durch ein Tuch in ein sauberes Gefäß seihen. Sie können Knoblauch und Chillies auch im Öl lassen und erst vor Gebrauch abseihen. Das Öl fest verschlossen im Kühlschrank aufbewahren.

Petersilien-Koriander-Öl

Dieses Öl schmeckt frisch und erfreut das Auge durch seine grüne Farbe. Sie können damit sowohl Suppen als auch Salate verfeinern. Wenn Sie eines der beiden Kräuter bevorzugen, verändern Sie einfach das Mengenverhältnis.

10 g frische Petersilie

10 g frischer Koriander

250 ml Rapsöl

Die Kräuter waschen und abtropfen lassen. Wasser in einem Topf aufkochen und die Kräuter darin 5 Sekunden blanchieren. Mit einem Schaumlöffel die Blätter herausnehmen und gut trocken tupfen.

Das Öl in einem Topf leicht erwärmen.

Das warme Öl zusammen mit den Kräutern vorsichtig in einen Mixer geben und sorgfältig vermischen.

Durch ein Tuch in ein sauberes Gefäß seihen. Gut verschlossen im Kühlschrank aufbewahren.

Knoblauch-Chili-Oregano-Öl

Antipasti aus dem Ofen

1 Süßkartoffel, in Spalten geschnitten

2 Fenchelknollen, geviertelt

2 Porreestangen, nur der weiße Teil, schräg in 5-cm-Stücke geschnitten

1 Knoblauchknolle, quer durchgeschnitten

10 Schalotten

125 ml **Knoblauch-Chili-Oregano-Öl**

2 EL grobes Salz

Für 6 Personen

Die hier aufgeführten Gemüsesorten sind nur Vorschläge, denn Sie können jedes beliebige Gemüse der Saison verwenden. Beträufeln Sie es mit dem wunderbar aromatischen Knoblauch-Chili-Oregano-Öl, und garen Sie es anschließend im Backofen!

Den Backofen auf 230 °C vorheizen.

Alle Gemüsestücke auf ein Backblech verteilen. Mit dem Öl bestreichen und mit Salz bestreuen. 20–25 Minuten im Ofen backen. Achtung: Einige Gemüsesorten garen möglicherweise schneller als andere. Deshalb das Gemüse beobachten und die Sorten, die schon weich sind, aus dem Ofen nehmen.

Das Backblech aus dem Ofen nehmen, das Gemüse noch einmal mit dem Öl bestreichen und servieren.

Knoblauch-Chili-Oregano-Öl

Focaccia mit Tomaten, Mozzarella und Zwiebelringen

Focaccia

1 TL Trockenhefe

250 ml warmes Wasser

1 EL Zucker

350 g Mehl, plus etwas zum Bestäuben

1 TL Salz

4 EL natives Olivenöl extra

Belag

Knoblauch-Chili-Oregano-Öl

4 Eiertomaten, in dünnen Scheiben

1 rote Zwiebel, in dünnen Ringen

½ TL grobes Salz

200 g Mozzarella, in Scheiben

5 g frische Basilikumblätter, klein gezupft

Ergibt 1 großes Focaccia

Als Belag können Sie verschiedene Kombinationen ausprobieren. Die hier vorgeschlagene harmoniert besonders gut mit dem Knoblauch-Chili-Oregano-Öl.

Hefe, die Hälfte des warmen Wassers, Zucker und 1 Esslöffel des Mehls in einer großen Rührschüssel vermengen. Etwa 10 Minuten ruhen lassen, bis die Mischung Blasen wirft.

Das restliche Wasser und Mehl sowie das Salz zugeben. Alle Zutaten in der Küchenmaschine gut verkneten. Dabei langsam das Öl zugießen, bis sich eine Teigkugel gebildet hat. Die Schüssel mit Frischhaltefolie abdecken, an einen warmen Platz stellen und den Teig 1 Stunde gehen lassen, bis er sich verdoppelt hat.

Den Backofen auf 230–240 °C vorheizen. Ein Backblech einfetten und mit etwas Mehl bestäuben. Die Teigkugel mit geölten Händen flach drücken, sodass der Teig das gesamte Backblech bedeckt. Wieder 10 Minuten gehen lassen.

Mit den Fingerspitzen oder dem Stiel eines Holzlöffels kleine Mulden in den Teig drücken. Den Brotfladen mit dem aromatisierten Öl bestreichen und mit den Tomaten und Zwiebelringen belegen. Mit dem groben Salz bestreuen und noch einmal mit Öl beträufeln. 15 Minuten im Ofen backen.

Aus dem Ofen nehmen, mit den Mozzarella-Scheiben belegen und weitere 5 Minuten backen, bis der Käse geschmolzen ist.

Die Focaccia aus dem Ofen nehmen, mit dem Basilikum bestreuen und servieren.

Petersilien-Koriander-Öl

Thunfisch-Ceviche

200 g rotes Thunfischfilet

1 rote Zwiebel, gewürfelt

1 rote Paprika, gewürfelt

4 EL Zitronensaft

Zesten von 1 Zitrone

3 EL Orangensaft

5 EL **Petersilien-Koriander-Öl**

¼ TL frisch gehackte Ingwerwurzel

½ TL gehackte Chili

2 EL Balsamico-Essig

Salz und frisch gemahlener schwarzer Pfeffer

Cracker, zum Servieren

glatte Petersilienblätter, zum Garnieren

Für 2 Personen

Ceviche ist ein sehr leicht zuzubereitendes Gericht aus Lateinamerika. Das Ergebnis ist ein Beweis dafür, dass die einfachen Dinge im Leben oft die besten sind.

Den Thunfisch in sehr kleine Stücke schneiden. Mit den übrigen Zutaten in einer Schüssel gut vermengen, dann die Schüssel abdecken und mindestens 1 Stunde im Kühlschrank ziehen lassen.

Die Thunfischmischung auf Cracker verteilen und mit Petersilienblättern garnieren.

Tomatenöl

Dieses vielseitige Öl passt zu fast allem. Probieren Sie es mit Pizza, Nudelgerichten oder Focaccia.

4–6 Eiertomaten

250 ml Rapsöl

Den Backofen auf 200 °C vorheizen.

Die Tomaten in dünne Scheiben schneiden und auf ein leicht eingefettetes Backblech verteilen. Im Ofen backen, bis sie anfangen, schwarz zu werden. Aus dem Ofen nehmen und abkühlen lassen.

Das Öl in einem Topf erwärmen.

Die Tomaten zusammen mit dem warmen Öl vorsichtig in einen Mixer geben und sorgfältig vermischen. Durch ein Tuch in ein sauberes Gefäß seihen. Im Kühlschrank aufbewahren.

Zitronen-Pfeffer-Öl

Nudeln, Huhn und Fisch ergänzen die Aromen dieses Öls besonders gut. Es passt aber zu fast allen Speisen, daher ist es empfehlenswert, einen Vorrat davon anzulegen.

Zesten von 1 Zitrone

1 Zitrone, in dünnen Scheiben

2 TL bunte Pfefferkörner, zerstoßen

250 ml natives Olivenöl extra

Bereiten Sie ein Wasserbad vor. Bringen Sie dafür Wasser in einem Topf zum Kochen, reduzieren Sie die Hitze, und lassen Sie das Wasser köcheln.

Die Zitronenzesten und -scheiben, die zerstoßenen Pfefferkörner und das Olivenöl in eine hitzebeständige Schüssel geben und diese auf den Topf mit köchelndem Wasser setzen.

Das Öl im Wasserbad 1 Stunde kochen. Messen Sie die Temperatur des Öls mit einem digitalen Küchenthermometer, sie sollte 120 °C betragen. Darauf achten, dass es nicht anbrennt.

Das Öl vom Herd nehmen, abkühlen lassen und durch ein Tuch in ein sauberes Gefäß seihen. Gut verschlossen im Kühlschrank aufbewahren. Sie können die Zitronenschale und Pfefferkörner auch im Öl belassen und erst kurz vor der Verwendung abseihen.

Tomatenöl

Quinoa-Salat mit getrockneten Tomaten, Oliven und Feta

Salat

240 g Quinoa

500 ml Wasser

10 getrocknete Tomaten in Öl, abgetropft

50 g Feta, zerbröselt

2 Frühlingszwiebeln, nur der weiße Teil, gehackt

20 g gemischte frische Kräuter (Basilikum, Petersilie, Koriander), gehackt

50 g schwarze Oliven ohne Steine, gehackt

Dressing

5 EL **Tomatenöl**

3 EL frisch gepresster Zitronensaft

1 Knoblauchzehe, zerdrückt

Salz und frisch gemahlener schwarzer Pfeffer

Für 4 Personen

Dieser Salat eignet sich als Hauptgericht, passt aber als Beilage auch hervorragend zu Huhn oder Fisch. Er ist schmackhaft, bunt und richtig schön gesund!

Das Quinoa auf einem Teller ausbreiten und Sand oder Steinchen auslesen. Die Körner gründlich in einem feinen Sieb waschen und abtropfen lassen.

In einem mittelgroßen Topf das Wasser aufkochen, das Quinoa einrühren und erneut aufkochen. Die Hitze reduzieren und das Quinoa mit Deckel etwa 15 Minuten köcheln lassen, bis das Wasser komplett aufgesogen wurde. Den Topf vom Herd nehmen, das Quinoa mit einer Gabel auflockern und in eine Schüssel füllen. Etwas abkühlen lassen.

Die restlichen Zutaten hinzufügen und unterrühren.

Für das Dressing die Zutaten in einer separaten Schüssel vermischen und über den Salat geben. Alles gut vermengen und servieren.

Zitronen-Pfeffer-Öl

Fettuccine mit Meeresfrüchten

5 EL **Zitronen-Pfeffer-Öl**, plus etwas mehr zum Servieren

6 Knoblauchzehen, zerdrückt

675 g gemischte Meeresfrüchte (Garnelen, Tintenfisch, Muscheln)

1 Schuss Wodka

125 ml Weißwein

1 Zweig Estragon, nur die Blätter

1 Prise Salz

450 g Fettuccine

frisch gehackte glatte Petersilie, zum Garnieren

Für 4 Personen

Diese Fettuccine sind das ideale Partygericht, da die Zubereitung nur wenige Minuten dauert. Darauf würden Ihre Gäste angesichts des raffinierten Geschmacks aber nie kommen!

Das Öl in einem Wok oder einer tiefen Pfanne erhitzen. Den Knoblauch und die Meeresfrüchte in das heiße Öl geben und 1 Minute unter Rühren anbraten. Wodka, Weißwein, Estragon und Salz zufügen. Unter Rühren weiterkochen, bis die Meeresfrüchte gar sind.

Die Fettuccine gemäß der Packungsanleitung zubereiten und abgetropft in die Meeresfrüchtemischung geben. Alles gut vermengen und sofort auf vorgewärmten Tellern servieren. Mit etwas Öl beträufeln und mit Petersilie garnieren.

Rosmarin-Zitronen-Thymian-Öl

Die Herstellung dieses Öls lohnt sich allein schon wegen des betörenden Duftes, der Ihre Küche erfüllt, wenn das Öl erwärmt wird.

5 Zweige Rosmarin (je ca. 13 cm lang)

10–15 Zweige Thymian (je ca. 13 cm lang)

250 ml Rapsöl

Zesten von 2 Zitronen

Den Backofen auf 150 °C vorheizen.

Von den Rosmarin- und Thymianzweigen die Blätter abzupfen.

Das Öl zusammen mit den Kräutern und den Zitronenzesten in ein hitzebeständiges Gefäß geben. Das Öl im Ofen auf mittlerer Schiene 1½–2 Stunden erhitzen. Messen Sie die Temperatur des Öls mit einem digitalen Küchenthermometer, sie sollte 120 °C betragen. Anschließend mindestens 30 Minuten abkühlen lassen.

Entweder mit den Kräutern und der Zitronenschale im Kühlschrank aufbewahren oder vorher durch ein Tuch seihen.

Zitronengras-Limetten-Öl

Zitronengras wird in der südostasiatischen Küche gern verwendet und schmeckt in Kombination mit Limetten besonders gut.

10 Stängel Zitronengras

Zesten von 1 Limette

½ Limette, in dünnen Scheiben

250 ml Rapsöl

Den Backofen auf 150 °C vorheizen.

Die Zitronengrasstängel waschen und trocken tupfen. Die Stängel etwas flach drücken, damit sich das Aroma entfalten kann, und dann in 7,5 cm lange Stücke schneiden.

Zitronengras, Limettenzesten und -scheiben in ein hitzebeständiges Gefäß geben. Das Öl hineingießen, sodass alle Zutaten damit bedeckt sind.

Das Öl im Ofen auf mittlerer Schiene mindestens 1 Stunde erhitzen. Messen Sie die Temperatur des Öls mit einem digitalen Küchenthermometer, sie sollte 120 °C betragen.

Aus dem Ofen nehmen, abkühlen lassen und in ein sauberes Gefäß füllen. Das Öl entweder mit Zutaten im Kühlschrank aufbewahren oder die festen Bestandteile vorher durch ein Tuch abseihen.

Rosmarin-Zitronen-Thymian-Öl

Gegrillte Lammkoteletts

5 EL Weißwein

5 EL **Rosmarin-Zitronen-Thymian-Öl**

1 Knoblauchzehe, zerdrückt

½ TL frisch gehackter Rosmarin

½ TL frisch gehackter Thymian

4 Lammkoteletts

Salz und frisch gemahlener schwarzer Pfeffer

Zum Garnieren

1 Zweig Rosmarin

Zesten von 1 Zitrone

Für 4 Personen

Dieses Gericht beeindruckt Auge und Gaumen gleichermaßen. Durch den Zusatz des Rosmarin-Zitronen-Thymian-Öls wird es zu etwas ganz Besonderem.

Für die Marinade Wein, Öl, Knoblauch, Rosmarin und Thymian miteinander verrühren. Über die Lammkoteletts gießen und darauf achten, dass jedes Kotelett mit Marinade bedeckt ist. Mit Frischhaltefolie abdecken und bis zu 3 Stunden in den Kühlschrank stellen.

Die Koteletts aus dem Kühlschrank nehmen und noch etwa 30 Minuten bei Zimmertemperatur ziehen lassen, bevor sie gegrillt werden.

Den Backofengrill vorheizen. Das Fleisch salzen und pfeffern und von beiden Seiten so lange grillen, bis es nach Wunsch gegart ist.

Mit dem Rosmarinzweig und den Zitronenzesten garniert servieren.

Rosmarin-Zitronen-Thymian-Öl

Geröstete Poularde mit Zitronenfüllung

1 Poularde

4 EL **Rosmarin-Zitronen-Thymian-Öl**

1 große Zitrone, in Stücken

1 Zweig Rosmarin

3 Knoblauchzehen

250 g grobes Salz

Für 4–6 Personen

Dieser Geflügelbraten wird Ihre Küche mit verlockenden Düften erfüllen, die Ihnen das Wasser im Munde zusammenlaufen lassen.

Die Poularde rundum mit dem Öl bestreichen und abgedeckt mehrere Stunden oder über Nacht marinieren.

Den Backofen auf 200 °C vorheizen. Die Poularde mit den Zitronenstücken, dem Rosmarinzweig und den Knoblauchzehen füllen. In einen Bräter setzen, das Salz um das Huhn streuen und 45 Minuten bis 1 Stunde im Ofen braten. Um zu prüfen, ob das Huhn gar ist, ein scharfes Messer oder einen Bratspieß in den dicksten Teil des Schenkels stechen. Das Fleisch ist gar, wenn der austretende Bratensaft klar ist.

Die Poularde aus dem Ofen nehmen, zerteilen und servieren.

Zitronengras-Limetten-Öl

Asiatische Rinderstreifen mit grünem Spargel

15 Stangen grüner Spargel

2 EL **Zitronengras-Limetten-Öl**

200 g Bohnensprossen

1 rote Paprika, in dünnen Streifen

1 EL frisch gehackter Knoblauch

450 g Rinderfilet, in dünnen Scheiben

5 EL trockener Weißwein

Salz und frisch gemahlener schwarzer Pfeffer

Zesten von 1 Limette

Für 4 Personen

Bei diesem Gericht ergänzen sich Farb- und Geschmackskombinationen. Sie können das Gemüse aber auch durch andere Sorten Ihrer Wahl ersetzen.

Den Spargel schälen und die holzigen Enden entfernen. Die Stangen schräg in je 3 Stücke schneiden. Wasser in einem Topf aufkochen, den Spargel darin kurz blanchieren und anschließend in Eiswasser geben.

In einem Wok das Öl bei starker Temperatur erhitzen. Bohnensprossen, Paprika, Knoblauch und Rindfleisch zugeben und 1 Minute anbraten. Dann Wein, Spargel, Salz und Pfeffer zufügen und unter Rühren weiterbraten, bis das Fleisch gar ist.

Die Limettenzesten zugeben, alles eine weitere Minute braten und vom Herd nehmen. Sofort servieren.

Zitronengras-Limetten-Öl

Gedämpfter Seebarsch mit Zitronengras und Limette

1 küchenfertiger Seebarsch (675–900 g), am Bauch aufgeschnitten

1 Stängel Zitronengras, nur die unteren 15 cm, in dünnen Scheiben

2 Knoblauchzehen, in dünnen Scheiben

3 Limettenscheiben

Salz und frisch gemahlener schwarzer Pfeffer

3 EL **Zitronengras-Limetten-Öl**

Zum Garnieren

Tomatenscheiben

rote und grüne Paprikastreifen

Für 1 Person

Reichen Sie zu diesem köstlichen Fisch gekochte Frühkartoffeln und beträufeln Sie diese ebenfalls mit Zitronengras-Limetten-Öl.

Den Backofen auf 220 °C vorheizen.

Den Fisch mit Zitronengras, Knoblauch und Limettenscheiben füllen. Innen salzen und pfeffern und etwas von dem Zitronengras-Limetten-Öl hineinträufeln, dann die Öffnung schließen. Den Fisch auf beiden Seiten je dreimal schräg einschneiden, mit dem Öl bestreichen und mit Salz und Pfeffer bestreuen.

Ein Stück Alufolie ausbreiten, das groß genug ist, um den Fisch darin einzuwickeln. Auf die Folie ein großes Stück Backpapier legen und den Fisch daraufllegen. Das Backpapier zu einem Päckchen falten und dieses in die Alufolie einschlagen (so wird der Fisch gedämpft). Das Fischpaket auf ein Backblech setzen und in den Ofen schieben. 20 Minuten backen.

Aus dem Ofen nehmen, den Fisch aus seiner Verpackung lösen und auf eine Servierplatte geben. Mit Tomaten und Paprika garnieren und servieren.

Walnussöl

Walnussöl ist eine der begehrtesten Ölsorten, jedoch ist es sehr teuer. Mit diesem Rezept können Sie ein ähnlich delikates Öl herstellen. Das Öl passt unter anderem zu Salaten, Brot und Obst.

160 g Walnüsse

250 ml Rapsöl

Die Walnüsse in Stücke brechen und in einer Pfanne ohne Fett bei mittlerer Hitze etwa 2 Minuten rösten, bis sie anfangen zu duften.

Das Öl in einem mikrowellengeeigneten Gefäß 1–2 Minuten auf mittlerer bis hoher Stufe erhitzen.

4 Esslöffel des erwärmten Öls mit den Walnüssen in einen Mixer geben und die Walnüsse fein hacken. Das restliche Öl hineinrühren und alles in ein Gefäß mit Deckel geben. 1 Tag bei Zimmertemperatur ruhen lassen, damit das Öl das Nussaroma aufnimmt. Danach im Kühlschrank aufbewahren.

Vor Gebrauch das Öl aus dem Kühlschrank nehmen, auf Zimmertemperatur erwärmen lassen und die Nüsse durch ein Tuch abseihen. Anschließend das Öl wieder in das Gefäß füllen. Die abgeseihten Nüsse können Sie zum jeweiligen Gericht dazugeben.

Orangen-Gewürz-Öl

Wenn dieses Öl erwärmt wird, entsteht ein absolut betörender Duft. Probieren Sie es mit süßem Brot, Reis oder Fisch aus – die Einsatzmöglichkeiten sind vielfältig.

abgeriebene Schale von 1 Orange

20 Nelken

2 Lorbeerblätter

1 TL Zimt

½ TL schwarze Pfefferkörner

¼ TL geriebene Muskatnuss

2 EL Orangensaft

250 ml Rapsöl

Den Backofen auf 150 °C vorheizen.

In einem Mörser die abgeriebene Orangenschale, Nelken, Lorbeerblätter, Zimt, Pfefferkörner und Muskatnuss mit dem Stößel fein zermahlen. Den Orangensaft zugeben und alles zu einer Paste verrühren.

Die Paste in ein hitzebeständiges Gefäß geben und das Rapsöl zugießen. Im Ofen auf mittlerer Schiene etwa 1 Stunde erhitzen. Messen Sie die Temperatur des Öls mit einem digitalen Küchenthermometer, sie sollte 120 °C betragen.

Das Öl aus dem Ofen nehmen, abkühlen lassen und durch ein Tuch oder feines Sieb die festen Bestandteile abseihen. Das abgeseihte Öl in ein sauberes Gefäß füllen und fest verschlossen im Kühlschrank aufbewahren.

Walnussöl

Chicoréesalat mit Roquefort und Feigen

6 Chicorée

200 g Roquefort, zerbröselt

2 frische oder getrocknete Feigen, geviertelt

60 g Walnüsse, grob gehackt

125 ml **Walnussöl**

4 EL **Feigen-Gewürz-Essig**

Für 6 Personen
Um diesem Gericht den ganz besonderen Kick zu geben, benötigen Sie den Feigen-Gewürz-Essig von Seite 88. Alternativ können Sie aber auch normalen Balsamico-Essig verwenden.

Den Strunk von den Chicorée schneiden und die Blätter ablösen. In eine Schüssel geben und Käse, Feigen und Walnüsse hinzufügen.

Das Walnussöl in einer separaten Schüssel mit dem Essig verquirlen. Über den Salat gießen und vorsichtig unterheben.

Den Salat auf 6 Teller verteilen und servieren.

Walnussöl

Bananenbrot

250 ml **Walnussöl**

200 g Zucker

2 Eier

3 sehr reife Bananen, zerdrückt

280 g Mehl

1 TL Natron

1 TL Backpulver

½ TL Salz

3 EL Milch

2 EL Naturjoghurt

3 Tropfen Vanillearoma

60 g Walnüsse, gehackt

Ergibt 1 Brot

Bananenbrot essen Kinder und Erwachsene gleichermaßen gerne. Das Walnussöl verfeinert den Geschmack noch zusätzlich.

Den Backofen auf 175 °C vorheizen.

Eine Kastenform (30 cm) einfetten. Öl und Zucker in einem Mixer verquirlen. Dann die Eier und Bananen zugeben und alles verrühren.

Die trockenen Zutaten in einer Schüssel vermengen und anschließend zum Bananenpüree hinzufügen. Milch, Joghurt und Vanillearoma zugeben und alles gut vermischen. Die Walnussstücke einrühren und den Teig in die Kastenform füllen.

50 Minuten bis 1 Stunde im Ofen backen, bis ein in die Mitte gestochener Holzspieß sauber bleibt.

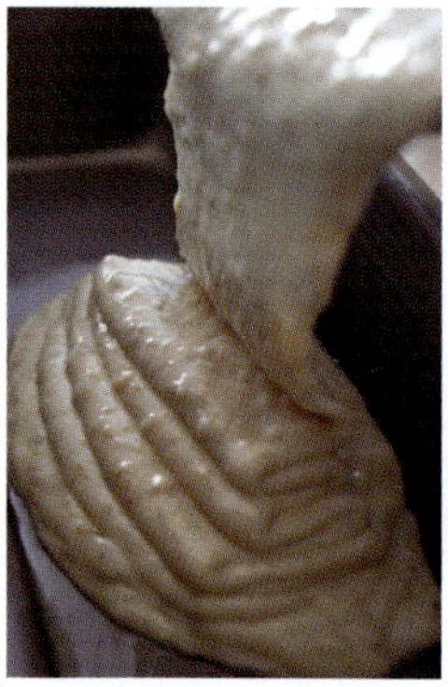

Orangen-Gewürz-Öl

Orangenmuffins

2 große Eier

125 g Zucker

5 Tropfen Vanillearoma

½ TL abgeriebene Zitronenschale

1 Prise Salz

140 g Mehl, plus etwas mehr zum Bestäuben

125 ml **Orangen-Gewürz-Öl**

Puderzucker, zum Bestäuben

Orangenzesten, zum Dekorieren

Ergibt 12 Stück

Diese wunderbaren Muffins können Sie zum Frühstück, Brunch oder nachmittäglichen Kaffeekränzchen genießen.

Den Backofen auf 190 °C vorheizen.

Die Eier und den Zucker mit einem Mixer verquirlen. Vanillearoma, Zitronenzesten und eine Prise Salz einrühren, dann das Mehl zugeben und sorgfältig unterrühren. Das Orangen-Gewürz-Öl langsam zugießen und alles gut vermischen.

Eine Backform für 12 Muffins einfetten und mit Mehl bestäuben. Die Vertiefungen der Form zu je etwa drei Vierteln mit Teig füllen. Die Muffins auf mittlerer Schiene im Ofen etwa 30 Minuten backen, bis ein in die Mitte gestochener Holzspieß sauber bleibt.

Aus dem Ofen nehmen, abkühlen lassen und die Muffins aus der Form stürzen. Mit Puderzucker bestäuben und mit den Orangenzesten verzieren.

Essig

Unsere Vorfahren kannten sich bestens mit Essig aus. Die alten Babylonier benutzten ihn als Konservierungsmittel, die Römer tranken ihn, die schöne Trojanerin Helena badete darin, und Kleopatra löste darin eine Perle auf, um zu beweisen, dass sie mit einer Mahlzeit ein Vermögen verspeisen konnte. In der Bibel wird Essig mehrfach erwähnt, und Hippokrates pries seine therapeutische Wirkung.

Wie beim Öl, so gibt es auch beim Essig viele verschiedene Sorten: Balsamico-Essig (lang fermentiert aus erlesenen Trauben), Rotwein- und Weißweinessig, Reis- und Apfelessig. Hinzu kommen weitere Spezialitäten wie Himbeer-, Sherry- oder Champagneressig.

Für einen guten Essig gibt es vielfältige Einsatzmöglichkeiten. Er dient der Nahrungszubereitung und -konservierung und hat eine gesundheitsfördernde Wirkung. So soll die Einnahme eines Esslöffels Apfelessig pro Tag zum Wohlbefinden beitragen. Auch seine reinigenden Kräfte sind allseits bekannt: Schon unsere Großmütter wussten, dass ein Schuss Essig im Putzwasser wahre Wunder bewirken kann.

Essig spielt natürlich auch eine wichtige Rolle bei Dressings, Saucen und Senf. Er gibt der Barbecue-Marinade das gewisse Etwas, verleiht der Vinaigrette Würze und fügt der Weinsauce eine süße Nase zu. Mit aromatisiertem Essig erhält man zusätzlich ein ganzes Spektrum an neuen Aromen und Würzmöglichkeiten.

Weil Essig einen hohen Säuregehalt besitzt, können sich Botulismusbakterien darin nicht ausbreiten. Aromatisierter Essig kann daher zunächst an einem kühlen, dunklen Platz gelagert werden. Achten Sie aber darauf, dass die Zutaten vollständig mit Essig bedeckt sind, um Schimmelbildung zu verhindern. Nach ein oder zwei Wochen sollte der Essig dann im Kühlschrank aufbewahrt werden.

Hinweise zur Aromatisierung von Essig:

- Verwenden Sie Gefäße aus Materialien, die nicht mit dem Essig reagieren (Glas, Email oder Edelstahl). Sie sollten vorher gründlich gereinigt werden, aber nicht mit Topfreinigern aus Stahlwolle.
- Verwenden Sie qualitativ hochwertigen Essig, frische Kräuter, die gut gewaschen und trocken getupft wurden, sowie Gewürze, die noch ihr volles Aroma haben.
- Wenn Sie den Essig erhitzen und die Kräuter zerkleinern, nimmt der Essig die Aromen schneller auf.
- Filtern Sie die festen Bestandteile heraus, sobald der Essig den gewünschten Geschmack hat.
- Essig kann nicht über einen längeren Zeitraum gelagert werden.

Dill-Pfeffer-Essig

Aus der klassischen Kombination von Dill und Pfeffer ergibt sich ein ausgesprochen aromatisches Essig-Dressing.

6 Zweige frischer Dill

250 ml Apfelessig

1 TL schwarze Pfefferkörner

frisch gehackte Minze (nach Belieben)

Den Dill waschen und trocken tupfen.
Den Essig in einem Topf bei mittlerer Hitze aufkochen. Die Hitze reduzieren und den Essig 2 Minuten köcheln lassen. Dill und Pfeffer zufügen. Den Topf von der Herdplatte nehmen und den Essig abkühlen lassen.

Den Essig in ein sauberes Gefäß füllen und fest verschlossen an einem dunklen Platz oder im Kühlschrank aufbewahren.

Tipp: Sie können dem Essig noch etwas frisch gehackte Minze hinzufügen. Das verleiht ihm eine interessante Zusatznote.

Knoblauch-Chili-Essig

Dieser feuerrote Essig heizt tüchtig ein und gibt jedem Gericht ein angenehm scharfes Aroma.

4 Knoblauchzehen

1-cm-Stück rote Chili

250 ml Rotweinessig

Den Knoblauch schälen und längs vierteln. Die Chili mit Handschuhen entkernen und hacken. Knoblauch und Chili in ein sauberes Gefäß geben.

Den Essig in einem kleinen Topf bei mittlerer Temperatur erhitzen, bis sich am Topfrand Bläschen bilden. Vom Herd nehmen und zu der Knoblauch-Chili-Mischung gießen. Abkühlen lassen und dann fest verschlossen lagern. Der Essig kann an einem dunklen Platz oder im Kühlschrank aufbewahrt werden.

Dill-Pfeffer-Essig

Gurkensalat

4–6 Gurken

½ rote Zwiebel, in dünnen Halbringen

10 g Dill, grob gehackt

125 ml **Dill-Pfeffer-Essig**

2 EL Zucker

Salz und weißer Pfeffer

Für 4–6 Personen

Dieser erfrischende Salat eignet sich hervorragend für ein sommerliches Picknick. Dazu passt zum Beispiel kalter pochierter Lachs.

Die Gurken waschen und abtrocknen. Längs mit einer Gabel einritzen oder mit einem Gemüseschäler einige Streifen Schale entfernen. In sehr dünne Scheiben schneiden und mit Zwiebel und Dill vermengen.

Für das Dressing Essig und Zucker in einer separaten Schüssel verquirlen und mit Salz und Pfeffer abschmecken. Über die Gurken gießen und diese gut darin wenden. Die Salatschüssel abdecken, und die Gurken mehrere Stunden im Kühlschrank ziehen lassen.

Knoblauch-Chili-Essig

Barbecue-Marinade

350 g Aprikosen aus der Dose, abgetropft

5 EL **Knoblauch-Chili-Essig**

4 EL brauner Zucker

2 Knoblauchzehen, zerdrückt

2 EL Dijon-Senf

1 TL frisch geriebene Ingwerwurzel

Ergibt etwa 500 ml

Diese Barbecue-Marinade passt zu fast allem und verwandelt einen ganz normalen Grillabend in ein kulinarisches Ereignis. Probieren Sie die Marinade zu Rippchen, Koteletts oder Huhn.

Alle Zutaten in einem Mixer glatt pürieren. In einen Behälter mit Deckel füllen und im Kühlschrank aufbewahren.

Tipp: Hähnchenteile oder Spareribs werden am besten über Nacht mariniert und dann sofort auf den Grill gelegt.

Knoblauch-Chili-Essig

Würziger Gazpacho

½ Zwiebel, grob gehackt

2 Knoblauchzehen, zerdrückt

3 EL natives Olivenöl extra

4 EL **Knoblauch-Chili-Essig**

900 g Tomaten, gehäutet und gehackt

1 große Gurke, geschält und gehackt

1 grüne Paprika, grob gehackt

½ Selleriestange, gehackt

5 g frische Korianderblätter

4 EL Tomatenmark

125 ml Tomatensaft, zum Verdünnen (nach Belieben)

Salz und frisch gemahlener schwarzer Pfeffer

Petersilien-Koriander-Öl-Eiswürfel (nach Belieben)

Für 6–8 Personen

Diese Variation des spanischen Suppenklassikers schmeckt durch den Knoblauch-Chili-Essig sogar noch köstlicher als das Original.

Alle Zutaten mit Ausnahme von Tomatensaft, Salz und Pfeffer im Mixer grob pürieren. Wenn die Konsistenz zu dick ist, den Tomatensaft zugeben. Mit Salz und Pfeffer abschmecken.

In einen Behälter gießen, abdecken und mehrere Stunden in den Kühlschrank stellen. Erst direkt vor dem Servieren aus dem Kühlschrank nehmen.

Tipp: Wenn Sie Petersilien-Koriander-Öl (siehe Seite 21) vorrätig haben, frieren Sie etwas davon zu Eiswürfeln, und geben Sie 3 Würfel in jeden Teller.

Kümmel-Apfelessig

Von diesem aromatischen Essig benötigt man nur wenig, denn schon einige Tropfen verleihen Ihrem Gericht einen besonderen Geschmack.

1 EL ganzer Kümmel

250 ml Apfelessig

Den Kümmel 1–2 Minuten in einer Pfanne ohne Fett anrösten.

Den Essig bei mittlerer Temperatur in einem Topf erhitzen, bis sich am Topfrand Bläschen bilden.

Den gerösteten Kümmel zum Essig geben, alles in ein sauberes Gefäß füllen und fest verschlossen an einem dunklen Platz aufbewahren.

Champagner-Essig mit Mango und Estragon

Dass Champagner nicht nur zum Anstoßen auf besondere Gelegenheiten geeignet ist, wird Ihnen diese wunderbare Essigkreation auf Champagner-basis beweisen.

4–5 Zweige Estragon

250 ml Champagneressig

90 g Mango, gewürfelt

4 EL Orangensaft

4 EL Zucker

1–2 Tropfen Vanillearoma

1 Prise Salz

Die Estragonblätter hacken und zusammen mit den anderen Zutaten in einen Topf geben. Bei mittlerer Hitze aufkochen und 1–2 Minuten köcheln lassen.

Vom Herd nehmen und abkühlen lassen. Dann in einen Mixer gießen und glatt pürieren. Der Essig kann entweder direkt oder erst vor Gebrauch abgeseiht werden. In einem sauberen Gefäß fest verschlossen an einem dunklen Platz oder im Kühlschrank aufbewahren.

Kümmel-Apfelessig

Kümmel-Borscht

3 EL natives Olivenöl extra

1 EL ganzer Kümmel

2 Zwiebeln, gehackt

3 Knoblauchzehen, zerdrückt

1 Kartoffel, gewürfelt

1,4 l Gemüsebrühe

4 EL **Kümmel-Apfelessig**

900 g gekochte Rote Bete, gewürfelt

Salz und frisch gemahlener schwarzer Pfeffer

1 EL Zitronensaft

30 g frische Petersilien- und Korianderblätter, gehackt, plus etwas mehr zum Garnieren

saure Sahne, zum Servieren

Für 4 Personen

Diese Suppe hat eine besonders attraktive Farbe und schmeckt dazu auch noch exquisit.

Das Olivenöl in einem großen Topf erhitzen und den Kümmel darin 1 Minute anbraten. Die Zwiebeln zugeben und unter Rühren andünsten, bis sie glasig sind. Den Knoblauch zufügen und ebenfalls andünsten.

Die Kartoffel zugeben und einige Minuten braten. Dann Brühe und Essig zugießen. Bei starker Hitze aufkochen. Die Hitze reduzieren und alles etwa 8 Minuten köcheln lassen. Rote Bete, Salz und Pfeffer zugeben und wieder aufkochen. Die Hitze erneut reduzieren und die Suppe mit halb geschlossenem Deckel 30–45 Minuten köcheln lassen, bis die Kartoffel gar ist.

Zitronensaft und Kräuter zufügen und alles weitere 5 Minuten kochen. Abschmecken und bei Bedarf nachwürzen.

Die Suppe etwas abkühlen lassen und ein Drittel davon im Mixer glatt pürieren. Wieder in den Topf gießen, umrühren und erneut erhitzen. Mit je einem Löffel saure Sahne und gehackten Kräutern servieren.

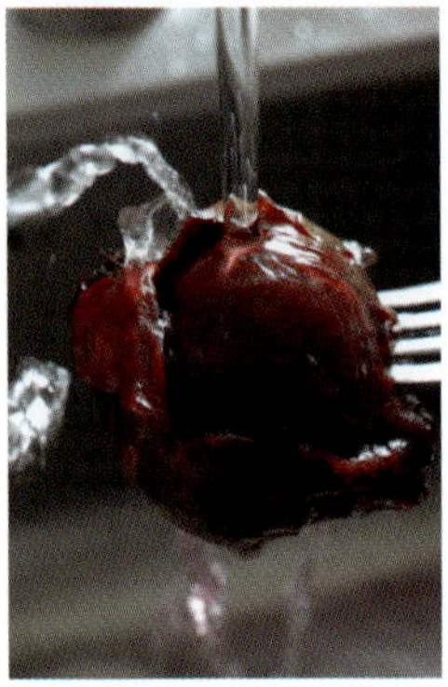

Kümmel-Apfelessig

Geschmorter Rotkohl mit Äpfel

1 EL ganzer Kümmel

1 EL Pflanzenöl

1 rote Zwiebel, halbiert und in dünnen Scheiben

2 EL brauner Zucker

1 kleiner Rotkohl, in Streifen

2 Äpfel, geschält und in dünnen Scheiben

2 EL Rotwein

125 ml Apfelsaft

2 EL **Kümmel-Apfelessig**

Salz und frisch gemahlener schwarzer Pfeffer

1 TL Zitronensaft

Für 6 Personen

Rotkohl nimmt Aromen besonders gut auf. Der Zusatz des Kümmel-Apfelessigs macht ihn zu einer würzigen Beilage.

Den Kümmel in einer Pfanne ohne Fett bei mittlerer Hitze etwa 1 Minute anrösten, bis er anfängt zu duften.

Das Öl bei mittlerer Temperatur in einem großen Topf erhitzen. Die Zwiebel darin 5 Minuten andünsten, bis sie glasig ist. Den braunen Zucker einrühren, dann Rotkohl und Äpfel zugeben. Einige Minuten unter Rühren kochen, bis der Kohl zusammenfällt. Rotwein, Apfelsaft und Essig zugießen. Den gerösteten Kümmel zugeben und mit Salz und Pfeffer abschmecken. Aufkochen, dann die Hitze reduzieren, den Zitronensaft hinzufügen und alles 30 Minuten köcheln lassen.

Tipp: Geschmorter Kohl passt als Beilage gut zu Fleisch oder Geflügel.

Champagner-Essig mit Mango und Estragon

Mango-Paprika-Ananas-Salsa

1 EL natives Olivenöl extra

1 TL brauner Zucker

1 Mango, geschält und gewürfelt

120 g Ananasstücke

½ rote Paprika, gewürfelt

½ gelbe Paprika, gewürfelt

½ grüne Paprika, gewürfelt

2 EL **Champagner-Essig mit Mango und Estragon**

Salz und frisch gemahlener Pfeffer

5 g frische Estragonblätter, gehackt

Ergibt ca. 250 g

Diese Salsa ist so farbenfroh und köstlich, dass Sie eifrig nach Gerichten suchen werden, die dazu passen. Gegrillter Schwertfisch, gedämpfter Barsch und Barbecue-Hähnchen gehören dazu.

Das Öl in einer Pfanne bei starker Temperatur erhitzen. Den Zucker einrühren.

Sobald der Zucker sich aufgelöst hat, Mango, Ananas und Paprika zugeben. Bei starker Hitze und unter ständigem Rühren langsam den Essig zugießen. Salz, Pfeffer und Estragonblätter zufügen und weitere 1–2 Minuten rühren. Achtung: Die Zutaten sollen etwas braun werden, aber nicht richtig garen. Vom Herd nehmen und warm servieren.

Zitronengras-Ingwer-Knoblauch-Essig

Dieser Essig mit exotischem Aroma ist von der Küche Südostasiens inspiriert.

2 Stängel Zitronengras

3 Knoblauchzehen, geschält

1 EL frisch geriebene Ingwerwurzel

250 ml Reisessig

Den unteren Teil der Zitronengrasstängel waschen, trocken tupfen und flach drücken. Die Stängel hacken, wenn Sie kleinere Stücke im Gefäß bevorzugen. Die Knoblauchzehen längs halbieren.

Zitronengras, Knoblauch und Ingwer in ein sauberes Gefäß geben.

Den Reisessig in einem Topf bei mittlerer Temperatur erhitzen, bis sich am Topfrand Bläschen bilden. Vom Herd nehmen, etwas abkühlen lassen und in das Gefäß zu den anderen Zutaten gießen. Vollständig abkühlen lassen und dann fest verschlossen an einem dunklen, trockenen Platz lagern.

Tipp: Als Ersatz für Reisessig (in asiatischen Lebensmittelgeschäften erhältlich) können Sie Apfelessig oder einen anderen hellen Essig verwenden.

Ingwer-Sternanis-Essig

Rotwein, Sternanis, Ingwer – diese 3 Zutaten entfalten gemeinsam ein vortreffliches Aroma, das gut zu Salaten oder Chutneys passt.

250 ml Rotweinessig

4-cm-Stück Ingwerwurzel, in Scheiben

3 Sternanisfrüchte

Den Rotweinessig bei mittlerer Hitze in einem Topf aufkochen. 2 Minuten köcheln lassen. Vom Herd nehmen, Ingwer und Sternanis zufügen und alles abkühlen lassen.

Den Essig in ein sauberes Gefäß füllen. Fest verschlossen an einem dunklen Platz oder im Kühlschrank aufbewahren. Abschmecken und vor Gebrauch Sternanis und Ingwer herausfiltern.

Zitronengras-Ingwer-Knoblauch-Essig

Exotischer Krautsalat

4 EL **Zitronengras-Ingwer-Knoblauch-Essig**

2 EL Zucker

¼ TL Salz

125 ml Mayonnaise

½ Weißkohl, in sehr dünnen Streifen

2 Karotten, gerieben

40 g Cashewkerne, grob gehackt

Für 4–6 Personen

Dies ist eine fernöstliche Variante des guten alten Krautsalats. Wer einmal davon gekostet hat, wird ungern zum Original zurückkehren.

Für das Dressing den Zitronengras-Ingwer-Knoblauch-Essig mit dem Zucker in einem kleinen Topf bei mittlerer Temperatur erhitzen, bis der Zucker sich aufgelöst hat. Vom Herd nehmen und Salz und Mayonnaise einrühren.

Kohl und Karotten in einer großen Schüssel vermengen. Das Dressing zugießen und das Gemüse gut darin wenden. Mit den Cashewkernen bestreuen und servieren.

Zitronengras-Ingwer-Knoblauch-Essig

Garnelen auf Zitronengrasstängeln mit Joghurtdip

Spieße

4 Stängel Zitronengras

24 rohe Riesengarnelen, ausgelöst

grobes Salz und frisch gemahlener Pfeffer

Dip

175 g Naturjoghurt

2 EL **Zitronengras-Ingwer-Knoblauch-Essig**

1 Gurke, geschält und gewürfelt

1 Knoblauchzehe, zerdrückt

½ TL Salz

1 Prise weißer Pfeffer

Saft von ½ Zitrone

½ TL frisch geriebene Ingwerwurzel

Für 4 Personen

Diese attraktiv auf Zitronengras aufgespießten Garnelen sind absolute Partylieblinge. Serviert werden sie mit einem köstlichen Dip, in den man natürlich auch andere Knabbereien tunken kann.

Für die Spieße die Zitronengrasstängel längs halbieren und auf eine Länge von je 30 cm schneiden. Mit einem scharfen Messer je ein Ende der Stängel spitz zuschneiden.

Je 3 Garnelen auf die Zitronengrasstängel spießen. Dabei den Spieß zuerst durch den dickeren Teil der gebogenen Garnele führen und dann durch den dünneren Teil, wie auf dem Bild zu sehen ist.

Die Spieße im heißen Backofengrill auf jeder Seite etwa 2 Minuten grillen, bis die Garnelen sich rosa verfärben.

Für den Dip alle Zutaten in einer Schüssel gut vermischen. Falls der Dip nicht gleich verwendet wird, mit Frischhaltefolie abdecken und in den Kühlschrank stellen.

Die Spieße auf einer Servierplatte anrichten und mit grobem Salz und Pfeffer bestreuen. Zusammen mit dem Dip servieren.

Ingwer-Sternanis-Essig

Aprikosen-Feigen-Chutney

125 ml **Ingwer-Sternanis-Essig**

125 ml Cidre

125 ml Wasser

1 rote Zwiebel, grob gehackt

4 EL brauner Zucker

4-cm-Stück Ingwerwurzel, in Scheiben

$^1/_8$ TL schwarze Pfefferkörner, leicht zerstoßen

170 g getrocknete Aprikosen (ca. 20 Stück), gehackt

6 getrocknete Feigen, entstielt und gehackt

Ergibt ca. 175 g

Chutneys sind wundervolle Beilagen zu Puten- oder anderen Fleischgerichten. Anstelle von getrockneten Früchten können Sie auch frisches Obst verwenden.

Ingwer-Sternanis-Essig, Cidre und Wasser in einen Topf geben und bei mittlerer bis starker Temperatur erhitzen. Die Zwiebel zugeben und alles 2 Minuten weiterkochen, dann den braunen Zucker zufügen. Bei mittlerer Hitze unter Rühren die restlichen Zutaten zugeben. Aufkochen, dann die Hitze reduzieren und alles köcheln lassen, bis die ganze Flüssigkeit absorbiert wurde. Falls das Trockenobst noch nicht weich ist, etwas kochendes Wasser zugießen. Sie können eine Sternanisfrucht aus dem Essig zufügen, die zum Schluss wieder entfernt wird.

Abschmecken und nach Belieben nachwürzen. Das Chutney abkühlen lassen, in ein Gefäß mit Deckel füllen und im Kühlschrank fest verschlossen lagern.

Rosmarin-Knoblauch-Balsamico-Essig

Die Kombination von Rosmarin und Knoblauch gibt diesem Essig einen besonders appetitanregenden Duft. Und er schmeckt mindestens genauso gut, wie er riecht!

10 Zweige Rosmarin (je 5 cm lang)

4 Knoblauchzehen

250 ml Balsamico-Essig

1 Zweig Rosmarin, zum Garnieren

Die Rosmarinzweige waschen, trocken tupfen und die Blätter abzupfen. Die Knoblauchzehen längs halbieren. Rosmarinblätter und Knoblauch in ein sauberes Gefäß geben.

Den Balsamico-Essig in einem Topf bei mittlerer Temperatur erhitzen, bis sich am Topfrand Bläschen bilden. Etwas köcheln lassen und dann den Rosmarin und Knoblauch zugeben. Vom Herd nehmen, etwas abkühlen lassen, in ein Gefäß gießen und vollständig abkühlen lassen. Anschließend fest verschlossen an einem kühlen, dunklen Platz lagern. Ab und zu prüfen, ob der Essig schon die gewünschte Intensität erreicht hat.

Vor Gebrauch den Essig durch ein feines Sieb oder Tuch in ein sauberes Gefäß abseihen. Einen frischen Rosmarinzweig als Garnierung zugeben und wieder fest verschlossen kühl und dunkel lagern.

Basilikum-Schnittlauch-Essig

Dieser Essig hat einen sehr frischen Geschmack und verwandelt auch einfache Blattsalate im Handumdrehen in Delikatessen.

Zesten von 1/2 Zitrone

5 frische Basilikumblätter

10 Stängel frischer Schnittlauch

250 ml Weißweinessig

Beim Reißen der Zitronenzesten darauf achten, dass die weiße Haut nicht mit abgerieben wird. Basilikumblätter und Schnittlauchstängel waschen, trocken tupfen und grob hacken. Zusammen mit den Zitronenzesten in ein sauberes Gefäß geben.

Den Weißweinessig in einem Topf bei mittlerer Temperatur erhitzen, bis sich am Topfrand Bläschen bilden. Vom Herd nehmen, etwas abkühlen lassen und dann zu den übrigen Zutaten gießen. Nachdem der Essig vollständig abgekühlt ist, das Gefäß fest verschlossen an einem kühlen, dunklen und trockenen Platz lagern.

Rosmarin-Knoblauch-Balsamico-Essig

Gegrillte Champignons mit Parmesan

8 Riesenchampignons

2 EL natives Olivenöl extra

Salz und frisch gemahlener schwarzer Pfeffer

5 EL **Rosmarin-Knoblauch-Balsamico-Essig**

frisch geriebener Parmesan

Rosmarinzweige, zum Garnieren

Für 2–4 Personen

Die Kombination von Champignons und Balsamico-Essig ergibt eine ganz besondere Geschmacksnote. Fügt man noch Rosmarin und Knoblauch hinzu, ist kulinarische Glückseligkeit garantiert.

Den Backofengrill vorheizen. Die Champignons putzen und die Stiele entfernen. Die Köpfe auf ein Backblech legen, auf beiden Seiten mit Olivenöl bestreichen und salzen und pfeffern. Unter den Backofengrill schieben und jede Seite 3 Minuten grillen.

Währenddessen den Essig in einem Topf aufkochen. Die Hitze reduzieren und den Essig einige Minuten köcheln lassen, bis er anfängt einzudicken.

Die Champignons aus dem Grill nehmen, wenn sie gar sind. Auf einer Servierplatte anrichten und mit dem eingekochten Essig beträufeln. Den Parmesan darüberstreuen, mit einem Rosmarinzweig garnieren und sofort servieren.

Rosmarin-Knoblauch-Balsamico-Essig

Hähnchenbrust in Rosmarin-Knoblauch-Marinade

4 EL **Rosmarin-Knoblauch-Balsamico-Essig**

125 ml natives Olivenöl extra

4 Knoblauchzehen, zerdrückt

Salz und frisch gemahlener schwarzer Pfeffer

900 g Hähnchenbrustfilets

Rosmarinzweige, zum Garnieren

Für 4–6 Personen

Dieses Gericht ist nicht nur köstlich, sondern auch sehr einfach zuzubereiten. Die Hähnchenbrustfilets können Sie im Voraus zubereiten und im Kühlschrank aufbewahren.

Für die Marinade Essig, Öl und Knoblauch in einer Schüssel gut vermischen. Mit Salz und Pfeffer abschmecken.

Die Hähnchenbrustfilets flach klopfen und in die Marinade legen. Abgedeckt in den Kühlschrank stellen und marinieren.

Vor dem Braten das Hühnerfleisch aus der Marinade nehmen und mit Salz und Pfeffer würzen. Eine Pfanne erhitzen und die Filets von beiden Seiten anbraten, bis sie gar sind. Die Marinade wegschütten. Sie darf nicht wieder verwendet werden, da sie rohes Hühnerfleisch enthielt.

Die Hähnchenbrustfilets mit Rosmarinzweigen garnieren und sofort servieren.

Basilikum-Schnittlauch-Essig

Warmer Kartoffel-Artischocken-Salat

450–675 g kleine Kartoffeln

5 Artischockenböden, gekocht

25 g saure Gurken, gehackt

1 EL frisch gehackter Dill

20 Stängel Schnittlauch, gehackt

4 EL **Basilikum-Schnittlauch-Essig**

1 TL Dijon-Senf

2 EL natives Olivenöl extra

1 EL frisch gepresster Zitronensaft

Salz und frisch gemahlener schwarzer Pfeffer

Für 4–6 Personen

Dieser schmackhafte Sommersalat ist bestens geeignet für Gartenfeste und Picknicks. Die Kartoffeln und Artischocken passen besonders gut zum Basilikum-Schnittlauch-Essig.

Die Kartoffeln gar kochen und in mundgerechte Stücke schneiden. Die Artischockenböden ebenfalls in mundgerechte Stücke schneiden und in einer Schüssel mit den Kartoffeln vermengen. Gurken, Dill und Schnittlauch zufügen.

Essig, Senf, Olivenöl und Zitronensaft in einer separaten Schüssel verquirlen und mit Salz und Pfeffer abschmecken. Über die Kartoffeln und Artischocken gießen und diese gut im Dressing wenden.

Entweder sofort servieren oder abgedeckt im Kühlschrank aufbewahren und vor dem Servieren auf Zimmertemperatur erwärmen lassen.

Feigen-Gewürz-Essig

Dieser Essig ist vor allem für winterliche Gerichte geeignet, da die Gewürzmischung aus Zimt, Nelken und Vanille eine weihnachtliche Stimmung heraufbeschwört.

6 ganze getrocknete Feigen, entstielt und geviertelt

175 ml Apfelessig

4 EL Balsamico-Essig

2 EL Zucker

½ TL Zimt

1 TL gemahlene Nelken

1–2 Tropfen Vanillearoma

Alle Zutaten in einen Topf geben und bei mittlerer Hitze langsam aufkochen. Dann 2 Minuten köcheln lassen. Vom Herd nehmen, abkühlen lassen und in ein sauberes Gefäß füllen. Den Essig fest verschlossen an einem dunklen, kühlen Platz lagern.

Granatapfel-Vanille-Essig

Die Granatapfelkerne geben diesem Essig eine wunderschöne rote Farbe. Füllen Sie ihn also am besten in ein durchsichtiges Gefäß.

250 ml Weißweinessig

60 g Granatapfelkerne

5 Tropfen Vanillearoma

Den Weißweinessig in einem Topf bei mittlerer Temperatur erhitzen. Aufkochen, dann die Hitze reduzieren und den Essig 2 Minuten köcheln lassen.

Granatapfelkerne und Vanillearoma in ein sauberes Gefäß geben. Den etwas abgekühlten Essig zugießen. Fest verschlossen an einem dunklen Platz oder im Kühlschrank aufbewahren. Die Kerne innerhalb von 2 Wochen herausfiltern.

Feigen-Gewürz-Essig

Blätterteigbeutel mit Käse-Füllung

450 g tiefgefrorener Blätterteig

Butter, zum Einfetten

Mehl, zum Bestäuben

1 Ei, verquirlt

120 g Frischkäse

50 g Roquefort

50 g Ziegenkäse

140 g Pistazienkerne, gehackt

2 EL **Feigen-Gewürz-Essig**

Für 6 Personen
Ihre Gäste werden diese appetitlichen Teighäppchen mit ungewöhnlicher Füllung lieben. Sie sind ein gelungener Auftakt für jede Party.

Für die Teigbeutel den Blätterteig im Kühlschrank auftauen (am besten über Nacht).

Den Backofen auf 200 °C vorheizen und 2 Formen für 12 Muffins einfetten.

Den Teig auf einer bemehlten Arbeitsfläche 3 mm dünn ausrollen. Kreise ausschneiden, die etwas größer sind als die Vertiefungen in der Muffin-Form. Die Vertiefungen mit den Teigkreisen so auslegen, dass jeweils der Boden und ein kleiner Teil der Ränder bedeckt sind. Den Teig mit Ei bestreichen.

Im Ofen etwa 12 Minuten backen, bis der Teig beginnt, sich goldbraun zu färben. Aus dem Ofen nehmen, die Teigschälchen abkühlen lassen und dann aus der Form nehmen.

Für die Füllung die Käsesorten und die Pistazien im Mixer gut vermischen. Bis zur weiteren Verwendung abgedeckt im Kühlschrank aufbewahren. Vor dem Servieren die Feigenviertel aus dem Essig herausnehmen und klein schneiden. Die Käsefüllung auf die Hälfte der Teigschälchen verteilen, je ein Stück Feige darauflegen und mit dem Essig beträufeln. Die übrigen Teigschälchen als Deckel auf die Füllung setzen. Die Teigbeutel auf ein Backblech legen und 1–2 Minuten backen, bis der Käse geschmolzen ist. Sofort servieren.

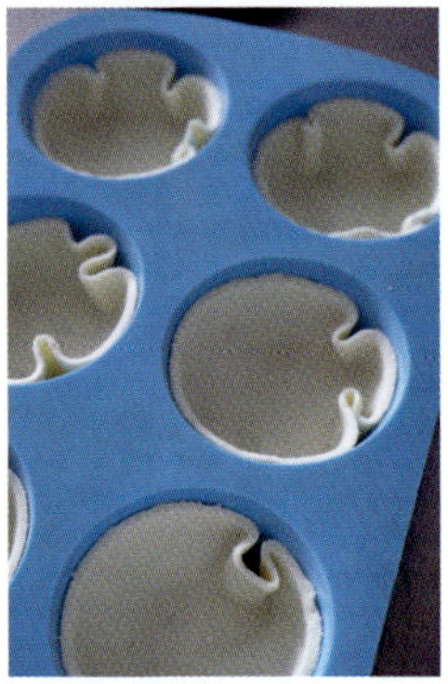

Granatapfel-Vanille-Essig

Lachscarpaccio mit Granatapfelkernen und Basilikum

450 g Lachsfilet, gehäutet und in hauchdünnen Scheiben

125 ml natives Olivenöl extra

3 EL **Granatapfel-Vanille-Essig**

2 EL frisch gepresster Zitronensaft

Salz und frisch gemahlener schwarzer Pfeffer

5 g frische Basilikumblätter, gehackt

Zesten von $^1/_2$ Zitrone

60 g Granatapfelkerne

Für 6 Personen

Dieses Gericht ist perfekt für einen Sonntagsbrunch. Es ist äußerst dekorativ und lässt sich vollkommen mühelos und schnell zubereiten.

Die Lachsscheiben auf einer großen Servierplatte ohne Überlappungen nebeneinander legen.

Olivenöl, Granatapfel-Vanille-Essig und Zitronensaft in einer Schüssel verquirlen. Mit Salz und Pfeffer abschmecken und dann über den Lachs gießen. Mit Frischhaltefolie abdecken und mindestens 30 Minuten in den Kühlschrank stellen.

Vor dem Servieren das Carpaccio mit Basilikum, Zitronenzesten und Granatapfelkernen bestreuen.

Tipp: Sie können den rohen Lachs auch durch gekochten ersetzen.

Granatapfel-Vanille-Essig

Gedünstete Birnen mit Granatapfel-Cassis-Sirup

3 EL **Granatapfel-Vanille-Essig**

2 EL Crème de Cassis

2 TL Ahornsirup

140 g Crème double

frisch gemahlener schwarzer Pfeffer

2 Birnen, geschält und in dünnen Scheiben

1 TL Zucker

5 EL Naturjoghurt

frische Minzeblätter, zum Garnieren

Für 4 Personen

Dieses Gericht klingt nicht nur beeindruckend, sondern schmeckt auch so. Damit schinden Sie garantiert Eindruck!

Granatapfel-Vanille-Essig, Crème de Cassis und Ahornsirup in einem kleinen Topf bei mittlerer bis starker Temperatur erhitzen. Die Flüssigkeit unter ständigem Rühren eindicken lassen, bis sie eine sirupartige Konsistenz annimmt. Nach etwa 4 Minuten 1 Esslöffel der Crème double und etwas Pfeffer zugeben. Die Hitze reduzieren und etwas weiterrühren. Kurz vor dem Servieren die Birnenscheiben zufügen und 1 Minute im Sirup dünsten. Die Birnen sollten rundum mit Sirup bedeckt sein. Achten Sie darauf, dass der Sirup nicht anbrennt.

Die restliche Crème double schlagen, bis sie anfängt, steif zu werden. Den Zucker zufügen und weiterschlagen, bis sich Spitzen bilden. Dann den Joghurt vorsichtig unterheben.

Die Birnen auf Tellern anrichten. Die Joghurtsahne darüberlöffeln und mit etwas Granatapfel-Cassis-Sirup beträufeln. Mit Minzeblättern garnieren.

Register